目次

Ⅰ　本書の活用方法……02

Ⅱ　全体構成……04

Ⅲ　関心が高まっているテーマと顧客価値経営との関連……

Ⅳ　顧客価値経営に向けた思考と実践のフレームワーク……

1．基本理念……

2．コンセプト……

3．経営の設計図……12

【1】歴史を振り返る……14

【2】強み・価値観を探究する……15

【3】これまでの成功のストーリーをまとめる……16

【4】ビジネスモデル（収益を生む仕組み）と環境変化を理解する……17

【5】「Ⅰ．ありたい姿」を描く……19

【6】ありたい姿に向けた「Ⅱ．戦略（道筋）」を創る……21

【7】ありたい姿から、「Ⅲ．組織能力」を明確にする……23

【8】ありたい姿から、「Ⅳ．顧客・市場」を明確にする……25

【9】ありたい姿から、「Ⅴ．顧客価値」を明確にする……27

【10】Ⅰ～Ⅴを踏まえて、「Ⅵ．組織変革目標（重要課題と達成目標）」を設定する……29

4．実践領域……32

変革実践サイクル……33

【1】「ありたい姿―リーダーシップ・社会的責任」……36

【2】「戦略―思考・実践」……38

【3】「組織能力―向上・最適化」……40

【4】「顧客・市場―洞察・理解」……42

【5】「顧客価値―創造・提供」……44

【6】「事業成果―持続性・卓越性」……46

Ⅴ　全体総括と経営アセスメント……48

1．全体総括……48

2．経営アセスメントについて……49

①全体の評価について……51

②実践活動（実践領域1～5）の評価について……51

③事業成果（実践領域6）の評価について……51

I 本書の活用方法

「顧客価値経営」とは、自己革新を通じて顧客にとっての価値を追求し続ける経営をいいます。
経営の最大の目的は、事業を通じて顧客や社会へ価値を創造、提供することです。営利組織に限らず、非営利組織においても、顧客や社会へ価値を提供できない組織は存在意義を失い、持続できなくなります。

顧客価値経営は、顧客を中心に、社員、社会、自組織それぞれの価値の創造を通じて、経営の質を好循環で高め続けていくことです。そのためには、価値を創造、提供し続ける経営へと変革していくことが求められます。

本ガイドラインは、顧客価値経営の実践に向けた指針として活用いただけるよう、有効な方法論や考え方を紹介しています。

①．顧客価値経営の実践に向けたヒントを得る

まずは本書を読むことで、顧客価値経営に必要な考え方や実践のヒントを学ぶことができます。対象は「組織」ですが、部門やチームプロジェクトの単位でも活用できます。

②．顧客価値経営に向けた変革の取り組みを実践する

●第一段階「経営の設計図」を整理し、これからの経営を考える

経営の設計図に沿って、これからの経営を考えてみましょう。「こうありたい」という思いや、これまで大事にしてきた価値観などをもとに整理することで、これからの経営の全体像が見えてきます。その思いを実現するための変革の道筋、そのために必要な組織の能力、対象とする顧客や市場、提供する価値を考えていきましょう。その際には、一人で考えるだけでなく、経営幹部や社員との対話を通じて検討することで実現度が高まります。

●第二段階「ありたい姿」の実現に向けた変革の取り組みを実践する

経営の設計図で「ありたい姿」や「組織変革目標」などを明確にした後は、その実現に向けた変革の取り組みを実践してみましょう。本書では、顧客価値経営の実践における構成要素を6つの「実践領域」として分類しています。この「実践領域」の内容を参考に取り組むことも有効です。

●第三段階「実践領域」をもとに思考や実践、結果を振り返る

実践するだけでなく、活動や結果を振り返ることで、次に向けた重要課題が明らかになり、変革をさらに進めることができます。

本書は、「実践領域」ごとに手順を踏んで振り返りができる構成になっています。具体的には、どのような検討を行い、どのような実践を行ったのか、それは目的や意図に合致していたのか、実践の結果を踏まえてどのような課題を認識したのか、などです。

振り返る際には、「木を見て森を見ず」の状態に陥らないよう、個々の実践領域だけでなく、全体を俯瞰して振り返ることが重要です。

●第四段階　自己評価する、外部に客観的な評価をしてもらう

自組織の経営を定期的に自ら振り返り、評価することで、組織の状態を認識し、さらなる変革に向けて伸ばすべき強みや課題を明らかにすることができます。これを自己評価（セルフアセスメント）といいます。自己評価においては、これまで取り組んできた変革の取り組みを自分たちで整理しておき、対話によって振り返ることを推奨しています。経営幹部から第一線社員まで、役職や部門を横断して自己評価を行うことで、組織としての学習が進みます。同時に、本ガイドラインの理解を深め、経営を評価できる人材を養成することで、現実に即した評価と、ありたい姿の実現に向けた変革の取り組みが好循環で回るようになります。

また、自己評価とあわせて、外部専門家による客観的な評価を受けることも、顧客や社会の目線で経営の状態を客観的に認識し、内部の視点では気づきにくい新たな視点や思考を得られる重要な機会となります。

II 全体構成

1. 関心が高まっているテーマと顧客価値経営との関連

社会・経済の環境変化のなかで、自組織にも影響がおよぶ可能性の高いテーマと顧客価値経営との関係性をまとめています。

私たちの経営にどのくらい影響があるのかを検討する材料として活用することができます。

2. フレームワーク

顧客価値経営に向けた思考と実践の枠組みを「フレームワーク」と位置づけています。フレームワークは次の4つの要素で構成しています。

①. 基本理念

顧客価値経営における共通の価値観を「基本理念」と位置づけています。自組織が目指す経営が、この価値観を体現できているかを考えます。

②. コンセプト

顧客価値経営に向けて基本構想を描き、変革活動を進める上での特徴的な考え方や基本姿勢を「コンセプト」として示しています。コンセプトは7つで構成されています。自組織における思考や実践が、このコンセプトと整合しているかを考えます。

③. 経営の設計図

顧客価値経営に向けて基本構想を整理したものを「経営の設計図」として示しています。「経営の設計図」は、「ありたい姿」「戦略」「組織能力」「顧客・市場」「顧客価値」「組織変革目標」の6項目で構成しています。各項目を掘り下げて検討するとともに、項目間のつながりの整合性や明確性を考えます。

④. 実践領域

「経営の設計図」で描いたありたい姿に向けた変革活動を実践する上で重要となる領域を6つの「実践領域」として示しています。

「実践領域」ごとに変革活動を進めていきます。各活動によって「ありたい姿」にどれだけ近づいているのかを考えるために、変革実践サイクルを推奨しています。

◆フレームワーク概念図

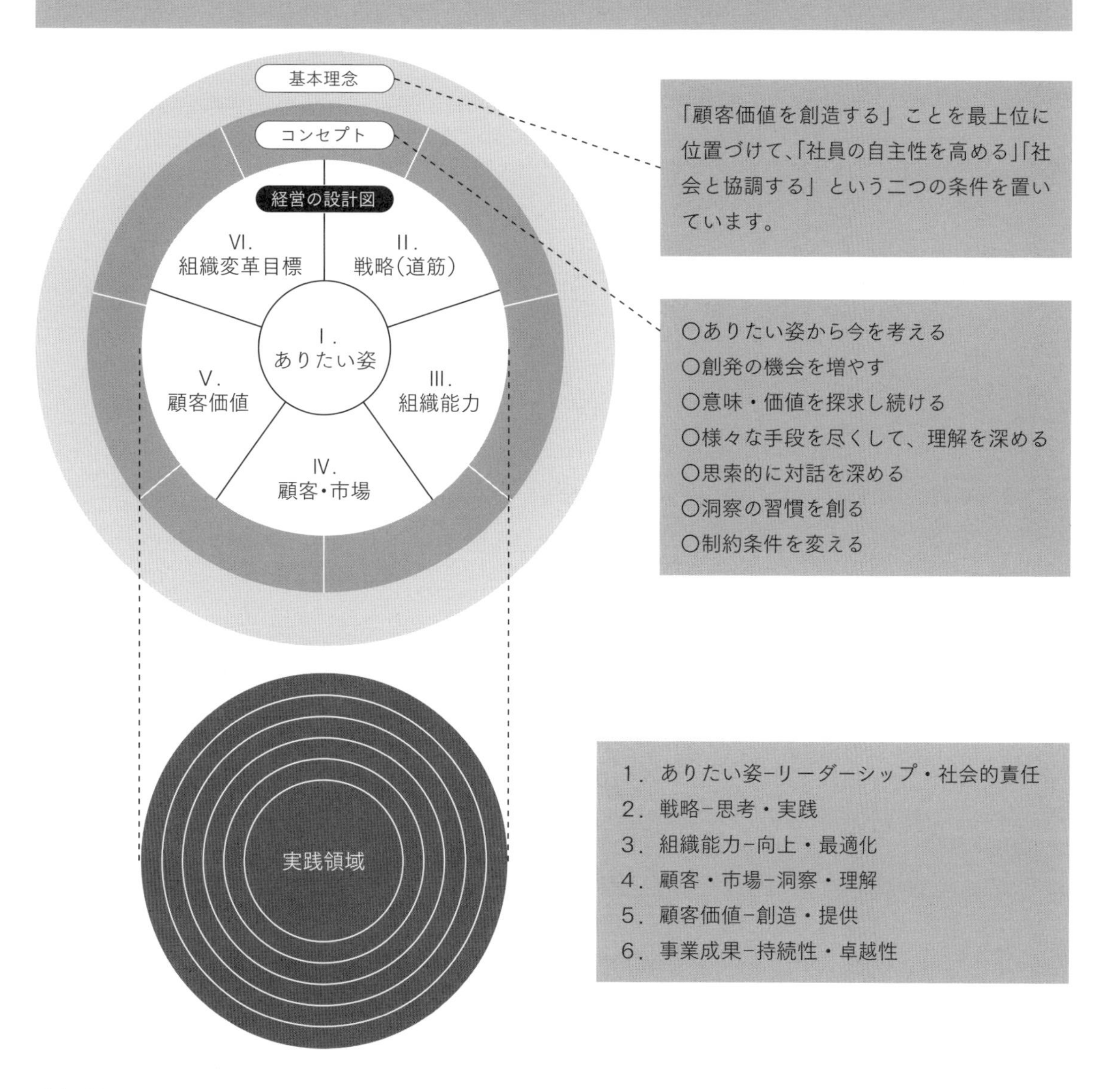

◆経営の設計図と実践領域の関係

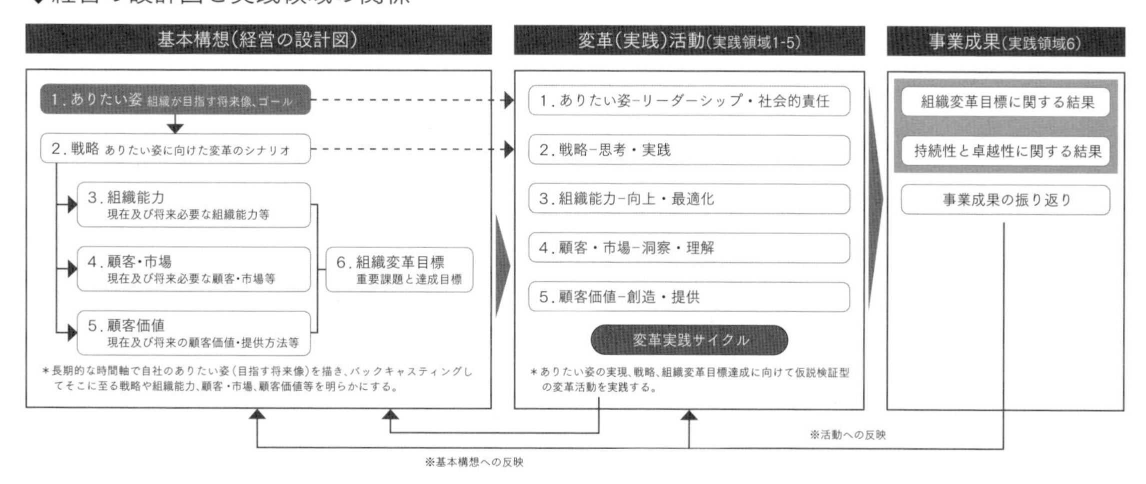

3. 全体総括と経営アセスメント

全体総括とは、「経営の設計図」で描いた基本構想と「実践領域」における変革活動や事業成果を俯瞰して振り返ることです。活動や結果だけをみるのではなく、経営全体を振り返ることで、部分最適に陥ることを防ぎ、効果的な変革活動を継続していくことができます。

経営アセスメントとは、全体総括を踏まえて、「ありたい姿」の実現に向けて伸ばすべき強みや価値、変革をさらに加速するための課題等を明らかにするための一連の学習プロセスです。

関心が高まっているテーマと顧客価値経営との関連

社会・経済の環境変化において、経営に大きな影響を及ぼしうるテーマと顧客価値経営との関係性をまとめています。業種や規模に関わらず、自組織の経営に関係する点は何か、どのような形で取り入れなければならないのか、検討が必要です。

1. トピックス

新型コロナウィルスによるパンデミックに加えてロシアによるウクライナ侵攻という、疫病と戦争の２つの大きな危機は、社会や人の価値観・行動様式を一変させました。

「私たちの提供する価値はどう変えなければいけないのか」、「今までの顧客・市場は今後も変わらないものか」、「これまでの強みが今後も強みであり得るのか」、などの観点からの検討が必要ではないでしょうか。

2. マクロ環境の変化

急激な人口減少と少子高齢化社会、原材料費高騰による物価高の進行、一方で２０５０年の脱炭素社会（CO2排出量ゼロ）の実現、２０３０年のＳＤＧｓ（持続可能な開発目標）の達成、デジタル化をはじめとする技術革新の進展など、組織を取り巻くマクロ環境が大きく変化しています。

確実に訪れる未来を前に、「組織として未来をどのように定め、自分たちはどこに向かうのか」、「未来が変われば、戦略（道筋）も変わるが、今のままでよいか」、脱炭素やデジタル化により、「組織能力は変わることはないか」、「顧客・市場の理解のあり方はこのままでいいのか」、「取引先やビジネスパートナーを含めて価値の創造、提供は今までと同じでよいか」、などの観点からの検討が必要ではないでしょうか。

3. 組織を取り巻く変化

労働人材や働き方の多様化、ワークライフバランス・エンゲージメント・働き方改革・リスキリング（学び直し）などの働く環境の整備、ＥＳＧ（環境、社会、ガバナンス）投資の高まりによる地球環境を考慮した活動、社会貢献を含む社会課題の解決、人権問題、法令順守などを含む統治の視点、非財務情報、特に人的資本についての開示要請の義務化など、組織は変革を迫られています。

「ありたい姿を追求し続ける重要な人材に関する環境・施策は現状のままでよいか」、「社会課題の解決などＥＳＧの視点からみて自組織の価値創造はこのままでよいか」、「人材への投資やその見える化が必要になってきているが、自組織は大丈夫か」、などどの観点からの検討が必要ではないでしょうか。

こうした変化は、時間の経過で必ず訪れる「客観的な未来」ともいえます。自組織として、消極的・受動的に対応するのか、あるいは能動的・積極的に実践するかによって、自組織の描く「主観的な未来」は変わってくるに違いありません。

Ⅳ　顧客価値経営に向けた思考と実践のフレームワーク

1. 基本理念

顧客価値経営に向けて前提となる共通の価値観です。自組織が目指す経営について、この価値観を体現しているかを考えます。

「顧客価値を創造する」ことを最上位に位置づけて、「社員の自主性を高める」「社会と協調する」という二つの条件を置いています。

経営の判断軸として、“顧客にとっての価値（顧客価値）”を最優先に位置づけ、これを追求し続ける経営を、「顧客価値経営」と呼びます。売上や利益を軽視するわけではありませんが、経営において、顧客価値の追求を最も重要なものと位置づけています。ただ重視するのではなく、意思決定に迷った際には躊躇なく利益や販売機会よりも優先させるのです。

顧客価値は、組織や上司の指示によるものではなく、社員の創意やボトムアップによって生み出されるものです。社員自ら率先して、顧客価値を生み出し、顧客価値経営を実現していく姿勢が重要です。組織が決めた定型的な価値ではなく、社員の思いや信念によって生み出された価値こそが、最上位の顧客価値なのです。

顧客価値を追求する上で忘れてならないことは、社会的価値との整合性です。必ずしも、顧客にとっての価値のすべてが、社会にとって価値があるとは限りません。創造・提供する価値が、環境や社員の負荷増大、差別・偏見の助長など、社会にとって負の側面を招くものだとすると、その価値は否定せざるを得ません。これは、顧客価値に社会価値が優先することを保証するものです。

- それは顧客価値といえるだろうか。
- その顧客価値は社員の自主性でつくられているのだろうか。
- その顧客価値は社会的な負を招く可能性はないのだろうか。

2. コンセプト

顧客価値経営に向けて基本構想を描き、変革活動を進める上での特徴的な考え方や基本姿勢をコンセプトとして示しています。自組織の思考や実践内容が、このコンセプトと整合しているかを考えます。

●ありたい姿から今を考える

「現状」の問題に焦点をあてて解決を図る従来の問題解決思考は、目の前の問題解決や改善に適しています。しかし、今日のように不確実性が高い時代においては、将来のありたい姿を描き、そこを起点に今すべきことを考える思考の重要性が高まっています。ありたい姿の細部までイメージすることで実現度が高まります。

●創発の機会を増やす

創造的なアイディアや発想は、偶然生まれるものが多く、計画的に生み出すことは困難といえます。そこで、組織的にアイディアが出やすくするための機会や環境を創ることが重要です。自由で柔軟な組織風土がアイディアを誘発すると同様に、個人の創造性を高めることも、重要な誘導の一つです。

●意味・価値を探求し続ける

顧客への提供価値や事業コンセプトは、「喫茶店」「遊園地」といった抽象概念でなく、「第三の居場所」「ファミリー・エンターテインメント」のように、具体的な意味や価値を明らかにすることで対象顧客のイメージを共有でき、ワーキングルールも明らかになります。そして、その定められた意味や価値をさらに掘り下げ続けることが顧客価値の創造につながります。

●様々な手段を尽くして、理解を深める

組織は、価値観の異なる様々な人で構成されます。個々の能力がどれだけ高くても向いている方向がバラバラでは組織としての能力は十分に発揮されません。組織の足並みを揃える上で、組織の方向性や戦略の意図を十分理解してもらうことは重要ですが、一朝一夕で実現するものではありません。様々な手段を尽くすことで、徐々に理解されて、腹落ちされた状態になるのです。

●思索的に対話を深める

思索的な対話とは、探求や創造を目的として、互いの「ものの見方や考え方」について話し合うものです。お互いに、その見方や考え方をするとどうなるのか、どのような意味があるのかを掘り下げていきながら思考を深めます。対話によって考え方を交換しながら、新たな「ものの見方や考え方」へと昇華させていく上では、他者の考え方を理解することが重要です。

●洞察の習慣を創る

潜在的なニーズを捉え、顧客価値を創造するためには、業界常識や従来の慣習にとらわれず、日頃から顧客や社会に目を向け、些細な行動の変化や共通する傾向などの意味を掘り下げ、本質を見極める洞察を習慣化していくことが重要です。習慣化することで、組織内のコミュニケーションや対話において深く掘り下げた話し合いが可能になります。

●制約条件を変える

経営とは限られた経営資源をもとに行うものなので、どの組織、事業においても制約条件があります。所与の制約条件の中で効率化を図ることが「管理」であり、「変革」は、制約条件そのものを変えることです。また、固定化された「ものの見方や考え方」も制約条件といえます。それらを見直すことが、ありたい姿に向けた変革の第一歩となります。

3．経営の設計図

①．経営の設計図とは

顧客価値経営に向けた基本構想を「経営の設計図」として示しています。

目的や意思を明確にして経営を行うことが、顧客価値経営を実践する第一歩です。

経営の設計図は、自組織における経営の目的や方向性を位置づけ、組織の関係者が協働していく上での指針となります。頭で考えるだけでなく、設計図に落とし込むことで、社内外の関係者とコミットすることができ、将来の実現度が高まります。

②経営の設計図の構成

経営の設計図の根幹は、「Ⅰ．ありたい姿」～「Ⅵ．（ありたい姿に向けて変革を進める上での）組織変革目標（重要課題と達成目標）」で構成しています。

Ⅰ．ありたい姿

Ⅱ．戦略（道筋）

Ⅲ．組織能力

Ⅳ．顧客・市場

Ⅴ．顧客価値

Ⅵ．組織変革目標（重要課題と達成目標）

設計図に落とし込まれた上記Ⅰ～Ⅵの実現に向けて、実践領域（1～5）における変革活動を実践し、実践領域6の事業成果へとつなげます。

実践領域における変革活動や事業成果が、経営の設計図で整理した組織目的や意思に沿ったものになっているのかを検証することが重要です。

③経営の設計図の標準作成ステップ

まず、自組織の歴史や強み、価値観、成功のストーリーを深く掘り下げていきます。それらを明確にした上で、顧客を終着点とした自組織のビジネスモデル（収益を生む仕組み）の理解と、自組織を取り巻く環境、特に業界の環境変化の理解を行います。

「Ⅰ．ありたい姿」は、明らかにした組織の強みや価値観を軸に、創業の理念や現状の延長線上ではなく、起点を定めた将来を見据えて新たに策定します。そして、現状の制約にとらわれずに、「Ⅰ．ありたい姿」に向けた「Ⅱ．戦略（道筋）」を創ります。「Ⅲ．組織能力」「Ⅳ．顧客・市場」「Ⅴ．顧客価値」は、いずれも「Ⅰ．ありたい姿」で起点とする将来と現状の状態を明らかにします。特に「Ⅳ．顧客・市場」に対して、「Ⅴ．顧客価値」を「Ⅲ．組織能力」によって提供する、という流れで検討することが重要です。その検討過程で明らかになる現状と課題から、最後に「Ⅰ．ありたい姿」に向けた変革を進める上での「Ⅵ．組織変革目標（重要課題と達成目標）」を設定します。

<経営の設計図の標準作成ステップ>

①．**歴史を振り返る**
②．**強み・価値観を探究する**
③．**これまでの成功のストーリーをまとめる**
④．**ビジネスモデル（収益を生む仕組み）と環境変化を理解する**
⑤．**「Ⅰ．ありたい姿」を描く**
⑥．ありたい姿に向けた**「Ⅱ．戦略（道筋）」を創る**
⑦．ありたい姿から、**「Ⅲ．組織能力」を明確にする**
⑧．ありたい姿から、**「Ⅳ．顧客・市場」を明確にする**
⑨．ありたい姿から、**「Ⅴ．顧客価値」を明確にする**
⑩．Ⅰ～Ⅴを踏まえて、**「Ⅵ．組織変革目標（重要課題と達成目標）」を設定する**

※あくまでも一例であり、自組織に合う方法で作成してください。実際の検討においては、項目間の往復を繰り返しながら、内容を掘り下げていくことが有効です。

④. 経営の設計図を作成する

1.
歴史を振り返る

組織は、様々な変遷を経て今日に至っています。それは、環境変化に適応し、顧客・社会に価値を提供し続けてきた歴史の積み重ねといえます。事業や商品・サービス、顧客などの変遷を振り返ることは、組織の存在意義や強み、長年受け継がれてきた価値観などを再認識する有効な機会となります。

歴史を振り返る際には、年表を箇条書きで整理するだけでなく、転換期の外部・内部要因を整理するとともに、どのような意図で、どのように対応したのかなど、その背景や文脈から捉えることで、過去から現在に至る経営の理解が深まります。

検討内容

- ☑「自組織の事業や商品・サービス、顧客などの変遷
- ☑ 自組織の変遷の要因や環境適応への成功（あるいは失敗）要因

解説

◆組織の歴史を振り返る際には、変遷や成功（失敗）の要因を考えます。考えられる要因を挙げるだけでなく、それぞれの要因間の因果関係を考え、当事者たちの意図や行動がどのような相互作用で展開されたのか深く掘り下げていきます。

次のような観点で検討します。

◇商品・サービス：参入・成長・撤退などの変遷や要因など

◇顧客：顧客やニーズの変遷や要因など

◇業績：業績の変遷や要因など

◆組織の転換期における当事者の問題意識や発言、行動、対応などを、関係者へのインタビューなどを通じて、ストーリーとしてまとめることで理解を深めることができます。

2.
強み・価値観を探究する

組織の強みや価値、価値観を認識することは、既存事業の延長線上にとらわれない前向きな発想の原動力となります。現在直面している「問題」に目を向けすぎると、潜在的な強みや価値を見過ごしたり、過小評価してしまい、今できることを起点に将来を考えてしまう傾向があります。組織の歴史の振り返りを踏まえ、具体的な経験や事例をもとに、顧客に高く評価されてきた点や、これから伸ばしたい点などを、対話を通じて深く掘り下げることが、将来につながる本質的な強みや価値観の発見につながります。

検討内容

☑ 自組織の強みや価値
☑ 組織が長年大切にしてきた価値観

解説

◆組織の強みや価値を探求する際は、他社との比較で現状の優劣にとらわれすぎると本質を見過ごしてしまう可能性もあります。次のような観点から、顧客から高く評価されてきたことや、これからさらに伸ばしていきたいことを検討します。

◇経営資産（有形資産、無形資産）
◇提供価値（商品・サービスの優位性、業務の卓越性、緊密な顧客関係）
◇コア・コンピタンス（他社には真似のできない中核的な技術力）
◇ケイパビリティ（機能横断的なプロセス遂行能力）

◆長年大切にしてきた価値観を考える際は、創業時の思いや経営理念、存在意義など、組織の原点に立ち返るとともに、これからも守り続けたい価値観を検討します。

※上記は参考であり、独自の視点で掘り下げていくことが重要です。

3.
これまでの成功のストーリーをまとめる

組織の歴史の振り返りと、強み・価値観の探究を踏まえて、これまでの成功のストーリーをまとめます。

誰に、何を、どのように提供して成功してきたのか、顧客の変化や商品・サービス、システムの変遷を思い起こします。あわせて、競合組織との差異化のポイントや自組織の独自性についても強調します。成功だけでなく、失敗も含む多くの学びと実践について、ストーリー（物語）としてまとめます。

検討内容
☑ 自組織のこれまでの成功のストーリー

解説

◆ストーリーとしてまとめることの意義は、要因を列挙したりパターンを当てはめたりすることではわからない、時間の流れや因果関係を明らかにできることにあります。

◆自組織の活動は、「なんとなくやってきたこと」ではないはずです。「何かをきっかけとして、一部門から始まり、徐々に形づけられたものの、社員の反発が強く一時停滞したが、繰り返し活動してきたことで組織の文化として定着した」といった経路依存性があります。経路依存性とは、特定の要素に焦点を合わせることではなく、出来事が生じた時間的順序とその出来事間の関係を意味します。

◆ストーリーは、必ずしも時系列でなくてもかまいません。事実や出来事、知識などが発見されたり、変わっていったりした動きや変化を明らかにします。そして、客観的事実を機械論的に記述するのではなく、当事者のものの見方、感じ方、考え方の変化を生命論的に記述します。

4.
ビジネスモデル（収益を生む仕組み）と環境変化を理解する

自組織がどのように価値を創造し、顧客に届けるかを明らかにし、論理的に整理したものをビジネスモデル（収益を生む仕組み）といいます。

ビジネスモデルは、組織を取り巻く環境と深く関係しています。そのため、競合組織はもちろんのこと、環境変化を無視することはできません。業界の変化を予測することに加えて、自ら明らかにした強みや価値観を軸に重要な意味を持つ未来のトレンドの抽出も重要です。その上で、自分たちが、こうあってほしい未来を描写し、それを実現するために今何をしたらいいのかを想起し、具体化していくことです。つまり、未来は正確に予測することではなく、自分たちで想像し、創造していくことです。

検討内容

- ☑ 自組織のビジネスモデル（収益を生む仕組み）の理解
- ☑ 自組織が位置しているビジネス領域の環境変化の理解
- ☑ 現在の競合組織と自組織との違いの理解

解説

◆ビジネスモデル（収益を生む仕組み）を検討する際には、以下の要素を明確にします。

◇対象顧客

◇提供価値

◇提供方法

◆環境変化を理解するには、過去から現在のトレンドをもとに近未来を予測する方法（フォーキャスト）と、地球環境、社会環境、事業環境の様々な情報と予測を題材にして「大義ある未来」を描き、重要な意味あるトレンドを抽出する方法（バックキャスト）があります。前者は、想定する選択肢が現実の延長線上にある可能性が高く、創造性や持続可能性の範囲が狭くなる傾向にあります。

◆環境変化を理解する際に、7ページの「関心が高まっているテーマと顧客価値経営との関連」で記載されている内容も重要な観点となります。

◆競合組織はどこなのか、自組織との違いは何か、などを検討する際には、以下の点が考えられます。
◇業界、価値提供方法、顧客市場、競合のパターンなど

◆ビジネス領域の理解も重要です。
分析手法の一つである5フォース・モデルでは、現在と将来における競争に影響を及ぼす要因を「①業界内の競争」、「②新規参入者の脅威」、「③代替品の脅威」、「④買い手の交渉力」、「⑤売り手の交渉力」の5つの観点から整理し、業界の収益性や重要な競争要因を明らかにします。

※上記は参考であり、独自の視点で掘り下げていくことが重要です。

5.

「Ⅰ．ありたい姿」を描く

ありたい姿とは、組織が目指す将来像であり、ゴールです。理念や社訓などの価値観や心がまえ、道徳律ではなく、将来の組織の姿や状態を表します。それは、組織のベクトルをあわせ、ゴールへ向かうための変革の原動力となります。

ありたい姿は、今できることや現在の延長線上から描くものではなく、単なる希望や願望から描くものでもありません。1～4で検討した歴史、強み・価値観、これまでの成功のストーリー、ビジネスモデルと環境変化を土台にして、自らがこうありたい、こうしたいという意思や思いから、成功している将来の姿や状態を描きます。

それは、どのような顧客・市場を対象として、どのような価値を、どのような組織能力を発揮して提供する組織になりたいのかを明らかにすることであり、未来を創造することです。

検討内容

- ☑（1～4を踏まえた）「Ⅰ．ありたい姿」と達成時期
- ☑「ありたい姿」の背景・理由

解説

◆「ありたい姿」は、「こうしたい」という意思の正しさや実現可能性を重視して構想するものではありません。自組織に関係する人たちが共感し、共にめざしたいと思える内容であること、シンプルでありながら誰もが具体的にイメージできるものです。

◆「ありたい姿」の構想にあたっては、顧客価値経営の基本理念（「顧客価値を創造する」「社員の自主性を高める」「社会と協調する」）にも照らして検討します。

◆時間軸には、一般的には中期（3－5年）、長期（10年）、超長期（20年以上）という表現が使われますが、「ありたい姿」の達成時期を設定する場合には、例えば15年という時間軸で設定します。ちなみに、SDG sは略称であり、『Transforming our world: the 2030 Agenda for Sustainable Development（我々の世界を変革する：持続可能な開発のための2030アジェンダ)』が2015年の国連総会で採択された文書の正式名称です。つまり、change（変化）ではなくtransform（変革）するためのものであり、それには15年はかかるということです。

◆「ありたい姿」を描くことは「静的なプロセス」ではなく、状態や構成を状況に応じて変化させたり、状況に合わせて選択したりする「動的（ダイナミック）なプロセス」です。見直しや変更を行う際には、どのような変化に対応するのか、といった根拠を明確にしておくことが重要です。

6.
ありたい姿に向けた「II．戦略（道筋）」を創る

戦略とは組織の「ありたい姿」に至る変革の道筋であり、シナリオです。「ありたい姿」に向けて「何をするのか」を検討するだけでなく、それらがどのように「つながる」ことで、ありたい姿に至るのかをストーリーとして構想します。そして、単なる構想で終わらせないために、必要となる組織能力や経営資源をあわせて検討しておくことが重要です。

「ありたい姿」と同じく、「戦略」にも絶対的な正解はありません。不確実性の高い時代においては、どれだけ緻密な戦略を創っても、その通りになるとは限りません。環境や状況の変化も想定しながら、自分たちはどのようなルートを通って困難を乗り越え、どのように最終的なゴール（ありたい姿）を目指すのか、を明らかにします。

検討内容
☑「ありたい姿」に向けた戦略（道筋）

解説

◆ここでいう戦略は、詳細な行動計画ではなく、ありたい姿に向けた変革のシナリオを構想することです。今後の変革活動の基本方針となり、具体的な行動へ落とし込むことがイメージできるものを示します。

◆一般的に戦略計画（プランニング）は、戦略を創造する行為ではなく、既存の戦略を実行させるための手段や分析作業に陥りがちです。戦略を創ることは、分析のフレームワークやアクション・リストを示すことではありません。ありたい姿を実現するために何が重要なのか、どうして重要なのか、何をすることが効果的なのか、といったことを考え抜く思考やプロセスが、優れた戦略を創る上で不可欠となります。

◆考え抜かれた戦略構想を実行できるものに変えるための取り組みは、実践領域「2．戦略－思考・実践」で行います。それらは、戦略の意味を明快な言葉で表現して業務の細部にわたって機能させること、戦略を実現する上で必要な取り組みをアクションプラン等に落とし込むこと、戦略による革新が既存の組織運営へ及ぼす影響を考慮して予算や業務プロセス、評価基準を再考すること、などがあります。

◆戦略が失敗に終わる組織では、安定と変革という二つのダイナミズムを混同したり、一方を無視して他方だけを偏重しているケースが多く見られます。

◆既存事業の深化と新規事業の探索を同時に行う「両利きの経営」が求められています。深化が同質性や連続性といった組織特性が求められるのに対し、探索は多様性や非連続性といった組織特性が求められます。どのような組織体制で、どのように資源を配分するか、などの観点が重要です。

◆経営の設計図の「III．組織能力」から「VI．組織変革目標」の検討を踏まえて、再度見直すことで、ストーリーがより具体化し、実践に落とし込みやすくなります。

7.

ありたい姿から、「Ⅲ．組織能力」を明確にする

組織能力とは、戦略遂行や価値創造の原動力となる組織的な能力です。組織能力は、顧客価値を創造して提供するシステムに応じて最適化されていきます。

組織能力は、長い時間をかけて、経営資源の蓄積や活用を通じて構築されます。それゆえに競合組織に簡単に模倣されない競争優位の源泉となるのです。

一方で、環境変化や技術の進化により、長年培ってきた組織能力の価値が低下するおそれがあります。そこで今日では、経営資源の再構築や再配分によって、「新たな組織能力へと変革させる能力」への注目が高まっています。

組織に必要な組織能力は、事業領域や戦略、競争環境などによって異なります。顧客から高く評価され、競合組織に対して優位性を持つ独自の経営資源や、それらを組み合わせる能力などの観点から自組織が持つ独自能力を明らかにします。

検討内容

- ☑「ありたい姿」から見た、現在の「組織能力」
- ☑「ありたい姿」に向けて必要となる「組織能力」

解説

◆組織能力を明らかにすることは、たとえ他社と同じことをしていても、顧客から「高く評価されている」ことや、他社に「真似されない」競争優位性を見つけ出すことです。組織の内部に着目したものとして、次のような観点があります。

◇競争優位性を持つ経営資源を、「経済的価値」、「希少性」、「模倣困難性」、「組織適合性」の観点から明らかにする（VRIO分析）

◇商品・サービスを生み出す中核的な技術力を、「多様な市場への参入可能性」、「顧客への価値貢献」、「模倣困難性」の観点から明らかにする（コア・コンピタンス）

◇競争優位につながる行動特性を、高いパフォーマンスを発揮し、模範となる社員の行動特性をもとに明らかにする（コンピテンシー）

◇商品・サービスを顧客へ提供するまでの一連の企業活動を機能ごとに分解し、どの機能や、機能横断的なプロセスが付加価値を生んでいるのかを明らかにする（バリューチェーン）

◆組織能力を検討する上では、組織の内部に限らず、収益を生む仕組み（ビジネスモデル）や、ビジネスパートナーの組織能力など、外部との関係にも着目することが重要です。
※顧客価値を創造して提供するシステムについては、28ページを参照してください。

※顧客が企業・組織の場合と一般消費者の場合では、とらえ方も異なります。上記はあくまで参考であり、独自の視点で他社との違いを掘り下げていくことが重要です。

8.
ありたい姿から、「Ⅳ．顧客・市場」を明確にする

顧客とは、商品・サービスを通じた価値を購入・利用する人たちを指し、顧客の集まりが市場です。現在提供している商品・サービスが流通している顕在市場の中で、現在購入・利用のある既存顧客と、現在購入・利用はないが将来の購入・利用が考えられる潜在顧客がいます。新たな対象が潜在市場です。

「顧客・市場」をどう捉えるかによって組織や事業のあり方も異なります。限られた経営資源において、市場全体の要望や要求を満たすことはできません。そこで、市場全体から同じ要求や期待を持つグループを独自の切り口で分類し、特定のグループに集中的・効果的にアプローチします。その際に、他のグループとの違いを深く掘り下げることで事業の独自性が鮮明になります。

顧客・市場は様々な影響を受けて絶えず変化していきます。競争環境や自組織に重要な意味を持つ未来トレンドも含めて、顧客自身の変化、市場に影響を与える要因、将来の競合組織などにも着目して検討していきます。

検討内容

- ☑「ありたい姿」から見た、現在の「顧客・市場」と要望や要求
- ☑「ありたい姿」で想定する将来の「顧客・市場」
- ☑「ありたい姿」で想定する将来の競合組織

解説

◆顧客・市場を明確にする際は、一般的に次の観点から検討します。

◇ 市場をどの顧客の要望や要求で分類するかを決める（セグメンテーション）

◇ 分類した市場をどの対象に絞るかを決める（ターゲティング）

◇ 対象とする市場のどのような領域で顧客に選ばれるかを決める（ポジショニング）

◆市場を分類する際には、次の代表的基準を参考に、独自の切り口を検討します。

◇地理的変数（エリア・気候　など）、人口動態変数（年齢・性別・職業・世帯構成など）、心理的変数（ライフスタイル・価値観　など）、行動変数（使用場面・頻度など）

◆企業・組織が顧客の場合の分類では、上記の他、次の基準が挙げられます。

◇業種、従業員数、売上規模、保有技術、購買方針、サプライヤーへの態度、受注規模・頻度、自社との類似性・共通性、ロイヤリティなど

◆ポジショニングを行う際には、USP（ユニーク・セリング・プロポジション）の原則（①顧客に大きなメリットがあるか、②競合組織にない独自性があるか、③多くの顧客を引き寄せる魅力があるか）から掘り下げることで、独自のポジションを構築することが大切です。

※企業・組織が顧客の場合と一般消費者が顧客の場合では、とらえ方も異なります。上記は参考であり、独自の視点で他社との違いを掘り下げていくことが重要です。

9.
ありたい姿から、「V．顧客価値」を明確にする

顧客価値とは、顧客が認識する価値のことです。すなわち、価値は商品やサービスを提供する側ではなく、顧客によって独自に決定されるものです。そのため、顧客が何を価値とするかを、調査や洞察を通じて理解に努めることで、価値として知覚してもらえる「財」としての商品・サービスを創造して提供するのです。

「財」としての商品・サービスを創造して提供するには、一連の活動のどこに独自性があるのか明確にしたシステムとしてとらえていくことが必要です。

顧客にとっての価値は、商品・サービスそのものの機能や品質に限らず、ブランドやデザイン、保証やアフターサービスなど様々な要素があります。また、創造して提供する方法（システム）そのものも顧客価値になることもあります。

そのため、自分たちの商品・サービスは顧客にとってどのような価値となるのか、どのような価値として顧客に提供していきたいのかを掘り下げて検討することが重要です。

顧客の立場で考えると、商品やサービスは購入して終わりではありません。一連の体験を通じて顧客にとっての価値が形成されていくことから、近年はＵＸ（ユーザー・エクスペリエンス）、ＣＸ（カスタマー・エクスペリエンス）といった顧客体験価値にも注目が集まっています。

顧客価値は、常に変化する動的なものなので、現在は高い価値を提供できていても、将来にわたって同じ価値を提供し続けられるとは限りません。新商品・サービスによる新たな価値を創造することはもちろん、既存商品・サービスの価値を見直し、価値の構成要素の変更などを通じて、価値の革新を行うことも同じく重要です。

将来を考慮して現在のビジネスモデル（収益を生む仕組み）を変革する際には、顧客への提供価値の再検討を中心に、要素間の関係や要素内の構成を見直すことも重要です。

検討内容

- ☑「ありたい姿」から見た、現在の主要商品・サービスと、その「顧客価値」および提供方法
- ☑「ありたい姿」で想定する「顧客価値」および提供方法
- ☑「ありたい姿」で想定する「ビジネスモデル（収益を生む仕組み）」

解説

◆顧客価値を明確にする際は、知覚品質（顧客が代替品との比較により認識する相対的品質）の要素に分類して検討します。知覚品質は、既存の商品・サービスの「顧客価値」を特定する方法としても活用できます。価値の要素に関する顧客の期待と満足度のクロス分析などを行います。

◇顧客が一般消費者の場合

基本機能、性能、品質、ブランド、デザイン、ユニークさなど

◇顧客が企業・組織の場合

信用、保証、サービス、コスト、納期など

◆顧客に提供している価値を革新するパターンとして、以下の代表例があります。

◇価値の増幅（価値のレベルや範囲の拡大）

◇価値の転換（価値の意味づけの変更）

◇価値の組み換え（顧客の期待度に応じて価値の構成要素の優先度を変更）など

◆顧客価値を創造して提供するシステムを考える観点の一つとして、プロダクト・リーダーシップ（商品・サービスの優位性）を目指す「プロダクト・システム」型、オペレーショナル・エクセレンス（業務の卓越性）を目指す「オペレーション・システム」型、カスタマー・インティマシー（顧客との緊密性）を志向する「リレーション・システム」型の3つに分類する見方があります。分類することで、自組織にとって何がコアなのかを明らかにしたり、これらをどう組み合わせるのかを検討することもできます。

◆顧客価値を創造して提供するためのシステムは、企画・開発・設計・仕入れ・生産・加工・施工・検査・梱包・物流・出店・陳列・接客・販売・メンテナンス・レポーティング・コミュニケーションツール・ユーザー会などの要素で構成されます。これは組織によって異なります。例えば、「生産」も自前生産に加えて、ファブレス、OEM、他社製品の仕入れなど、何が最適なのかという視点で検討することも必要です。

※企業・組織が顧客の場合と一般消費者が顧客の場合では、とらえ方も異なります。
上記は参考であり、独自の視点で他社との違いを掘り下げていくことが重要です。

10.
Ⅰ～Ⅴを踏まえて、「Ⅵ．組織変革目標（重要課題と達成目標）」を設定する

組織変革目標とは、ありたい姿に向けた変革を進める上での重要課題と達成目標です。重要課題は、ありたい姿を目指す上で、組織能力、顧客・市場、顧客価値それぞれの課題を整理・統合し、優先的・重点的に取り組むものを示します。達成目標は、重要課題ごとに、いつまでにどのような状態を目指すのか、を示したものです。活動の起点、現在までの状況、そしてありたい姿の終点を示すことで、変革活動を見える化でき、変革が加速します。

組織変革目標（重要課題と達成目標）は、財務の観点だけでなく、顧客・社員・社会への価値提供、組織やプロセスの変革など、非財務の観点からも検討します。

検討内容

- ☑「ありたい姿」に向けた「重要課題」と重視する理由
- ☑ 重要課題の「達成目標」と達成時期
- ☑「達成目標」における活動を始めた時点と現在の水準

解説

◆経営の設計図の検討を進めると、組織能力、顧客・市場、顧客価値などの項目でも課題や目標が検討されます。まずは、組織としてありたい姿の実現に向けて、優先的・重点的に取り組む必要のあるものを整理して明らかにします。各項目で出された課題や目標は、実践領域で取り組むとともに、因果関係や相関関係を明らかにしておくことが重要です。

◆重要課題は、「〇〇のために〇〇を変える」といったものです。変えることが目的ではなく、ありたい姿の実現に向けた変革であることを忘れてはなりません。

◆達成目標は、重要課題について、いつまでにどのような水準（状態）を目指すのかを示すものです。あわせて、目標の達成度合いを測る指標を設定し、現状（変革の出発点）の水準（状態）と目指す水準（状態）を明らかにしておきます。

◆重要課題や達成目標は、実行の進捗状況や環境変化を踏まえた方針転換によって、見直しや変更を行うことも考えられます。その場合は変更理由を明確にしておきます。

◆以下に、重要課題とその指標の例を示します。

重要課題	ガバナンス強化のために役員構成を変える
指標	ジェンダー比率、社外取締役・監査役の人数・割合
目標	女性役員比率は、15年後に50％、10年後30％、5年後に10％にする。（現状は0）。社外取締役・監査役の割合は、15年後20％、10年後10％、5年後10％にする。（現状は0）。

重要課題	ダイバーシティ推進のために従業員の構成を変える
指標	女性管理職比率、専門人材比率、オンデマンド人材比率
目標	女性管理職は、15年後50％、10年後30％、5年後10％にする。（現状2％）。専門人材・オンデマンド人材は現状0を3年後に10％にする。

重要課題	「売上・利益」重視から「付加価値生産性」重視に変える
指標	付加価値労働生産性（営業利益＋人件費＋減価償却費／従業員数）
目標	現状の700万円／人を、15年後に1500万円／人、10年後1100万円／人、5年後850万円／人にする。

重要課題	顧客価値を創造するためにアイディア創出方法を変える
指標	アイディア創出のための会議の状態、新商品への寄与率
目標	創発的なアイディア会議の開催数を現状の3回／週を、3年後に10回／週になるようにする。新商品の売上高を15年後に売上構成比の50％、10年後に30％、5年後に15％以上とする。

4. 実践領域

経営の設計図の作成を通じて、自分たちの目指すありたい姿や、そこに至る戦略（道筋）、組織変革目標などを明らかにした後は、その実現に向けた変革活動を実践します。本ガイドラインでは、顧客価値経営に向けて重要となる変革活動の領域を実践領域として6つに区分しています。

実践領域1～5は、経営の設計図の「ありたい姿」に向けた変革を行う領域で、実践領域6は、経営の設計図の「組織変革目標」の結果や、「持続性・卓越性」に関する成果を「事業成果」としてとらえるものです。

実践領域の1～5では、5過程の変革実践サイクル（検討・目標・実行・結果・振り返り）を回すことで、実践と学習が進み、変革活動を効果的に進めることができます。特に、実践領域1～5と実践領域6の関係を振り返ることで、組織としての新たな課題や方向性が見えてくるとともに、「ありたい姿」を追求し続ける『終わりなき旅』が好循環で進むようになります。

① 6つの実践領域

領域	
1	「ありたい姿－リーダーシップ・社会的責任」
2	「戦略－思考・実践」
3	「組織能力－向上・最適化」
4	「顧客・市場－洞察・理解」
5	「顧客価値－創造・提供」
6	「事業成果－持続性・卓越性」

② 変革実践サイクル（5過程）

過程	
1	活動内容の検討
2	活動目標・指標の設定
3	活動の実行
4	活動結果の測定（実践領域6は「結果の測定」）
5	活動の振り返り（実践領域6は「結果の振り返り」）

＊実践領域6「事業成果－持続性・卓越性」は、「結果の測定」と「結果の振り返り」の 2 過程

変革実践サイクル

①. 活動内容の検討

経営の設計図で設定した「ありたい姿」に向けた「組織変革目標」を達成するための具体的な活動を検討します。まずは、組織変革目標として設定した「重要課題」と「達成目標」を改めて確認してみましょう。次に、それらの重要課題を実践領域の切り口で捉えると、どのような要件を満たす必要があるのか、あるいはどのような活動を実践していく必要があるのかを考えてみます。例えば、重要課題として「環境負荷を●●%軽減した新製品を開発する」を設定していた場合、「（実践領域1）経営トップや経営幹部がどのように関与すべきか」、「（実践領域3）組織としてどのような能力をどのように高めていくべきか」といったように検討していきます。

活動内容を検討する際に7ページの「関心が高まっているテーマと顧客価値経営との関連」で記載されている内容も重要な観点となります。

その上で、次のような項目をもとに、何をどのように変革するのか、計画を立てます。

●活動の目的

●実践者

●活動内容と方法

●課題の優先順位

●期間

その際には、変革の出発点（Before）と現在（After=As is）、ゴールとしてのありたい姿(To be)、それぞれの状態を明らかにすることで、活動の「見える化」ができます。

②活動目標・指標の設定

活動に取り組む上で重要なことは、「こういう状態を実現したい」という強い思い・信念です。「いつまでにどのような状態になりたい」という意思を具体化したものが目標です。意思がなければ、目標は空虚なものになります。活動の目的を達成している状態を明らかにするとともに、目標の達成状況を測定するために、どのような指標を設定すればよいか検討します。指標（indicator）は、モノサシであり、そのモノサシの目盛りが目標（goal、target）です。活動の目標や指標の設定には、ありたい姿の実現に向けて、この活動を行うことでどのように関係するのか、目的を明確にしておくことが重要です。

目標や指標は、ありたい姿や組織変革目標の設定内容や、現在の組織の状態、活動の優先順位によっても異なります。活動内容によっては、目標や指標で表しにくいものもあります。変革活動を通じて、試行錯誤を重ね、より適切な目標・指標を再設定することもあるでしょう。重要なことは、なぜその目標や指標を設定したのか、なぜ見直すのかを明確にして次に生かしていくことです。

※目標には、定量目標と定性目標があります。定量目標は達成度を確認する指標と目標値、定性目標は目標とする状態を示します。定量目標はわかりやすいのですが、無理やり設定することで本質的な結果を表すことができない場合もあります。定性目標は、目標とする状態をレベルや段階で尺度化し、現状と目標の水準それぞれを明らかにすると達成度が確認しやすくなります。

③活動の実行

決定したことは実行に移さなければ意味がありません。そして意図した活動の目的を達成しなくてはなりません。ただし、活動が必ず成功する保証はありません。決められたことをただ決められた通りに実行するのではなく、不測の事態や計画段階で想定しなかったことが起こることを前提に、試行錯誤を繰り返しながら取り組みます。

実行する前に計画をしっかり立てることは重要ですが、どれだけ時間をかけて検討しても完全な計画になることはありません。刻々と経過する時間とともに環境も変化していきます。限られた時間の中で「決めたことをやってみる」と踏み出すことも必要です。

実行する中で新たな情報を得たり、うまくいかないことがあれば、当初の仮説を修正することもありえます。仮説と実行を往復して、試行錯誤を繰り返しながら仮説としての計画を修正していきます。ただし、活動の目的を変更する際は慎重に検討します。結果が出なければすぐに目的を変えてしまうと、何も学ぶことはできず、関係者も真剣に取り組まないようになってしまいます。変革活動は、日常業務の延長ではなく、ありたい姿に向けた変革のための活動です。多くの場合、変革活動は、日常業務と並行して行うことになります。限られた時間を両方に割くことは大変な労力を伴います。しかし、簡単でないからこそ、やり遂げることで競争優位性を生み、ありたい姿へ近づくことができるのです。その活力は、どれだけありたい姿を実現したいのかという、信念や思いによってもたらされます。

④活動結果の測定

活動がどれだけ効果的なのかを把握し、そこから将来への課題を発見するためにも、設定した指標をもとに、活動の「結果」を測定することが重要です。結果を測定・分析するプロセスを通じて、個々の活動がどの程度改善されたのか、この測定項目でよかったのか、目標は妥当だったのか、このような結果をもたらした要因は何か、という振り返りを行うことができます。

測定は、目標設定前の状態（Before）と目標設定後の状態（After）、何をどのように変革できたのか、の2点を明らかにしておきます。

⑤活動の振り返り

結果を踏まえ、定期的に振り返りを行います。振り返りは、毎日、週単位、月単位、年単位など、活動内容や測定間隔を踏まえて、適切な期間を設定します。目標に対する実績から「達成できた」「達成できなかった」で終わらせるのではなく、実行することで新たに得られた情報や気づきに着目し、成功だけでなく、失敗したことも含めて、組織の知を蓄積していくことが重要です。

振り返りの内容は、検討や実行のプロセスや方法、目標・指標の適切性などの観点から振り返るものと、そもそもの課題設定や活動そのものの適切性など、目的に照らして振り返るものがあります。また、他の実践領域における活動との関連性も意識することが重要です。

この振り返りによって明らかになった「課題」をもとに、活動を深化させていくとともに、経営の設計図や戦略に反映していくことで、好循環で変革を回していくことができます。

1.

「ありたい姿―リーダーシップ・社会的責任」

ありたい姿とは、組織が目指す将来像であり、ゴールです。ありたい姿に向けて変革を推進する上で、リーダーシップは、重要な役割を担います。リーダーシップとは、ありたい姿を掲げて組織を方向づけるとともに、社員に理解・共感されるように働きかけを行い、実践に結びつけるための諸活動を指します。

組織の存在目的を「顧客・社会への価値提供」と考えると、その第一歩は、社会への関心や自分たちの倫理意識を高めることです。社会への責務や貢献（還元）の範囲は、法令や社会常識に加え、社会への関心や組織の存在目的、倫理意識などによって決まってきます。顧客や社会への関心を持ち、自分たちの存在目的を考え続けることで、社会に対するコミットメントも明確になります。

経営の設計図で示した「ありたい姿」の実現や、「組織変革目標（重要課題と達成目標）」の達成に向けて、次の活動をどのように行うのかを検討します。

検討内容

☑ 1）ありたい姿を組織内外と共有し、理解、共感、行動に結びつける活動

 2）ありたい姿に向けて、社会に果たすべき責任や貢献を実践する活動

変革実践サイクル

①活動内容の検討

検討内容1）と2）に関する活動の検討を行います。

②活動目標・指標の設定

①で検討した活動の目標・指標の設定を行います。

③活動の実行

活動を実行し、実行状況を記録します。

④活動結果の測定

活動結果をそれぞれ測定します。

⑤活動の振り返り

それぞれの活動結果を踏まえて振り返りを行い記録します。

解説

◆1）に関する活動を検討する上では、次のような観点から組織の特性にあわせて考えます。

◇ありたい姿の明文化

◇経営トップ・幹部によるメッセージの発信や社員との対話

◇職場における対話や思考の場の設定

◇研修や説明の場を通じた理解の促進

◇ありたい姿に沿った優れた行動・判断事例の蓄積や共有

◇ ありたい姿を実現するための組織体制や諸制度の整備

◇ありたい姿を実現する上で障害となる慣習や価値観、文化の見直し

◇組織の意思決定における透明性の確保と合意形成

◆2）に関する活動を検討する上では、次のような観点から組織の特性にあわせて考えます。

◇ 社会の一員として果たすべき使命や責任

◇ 社会課題の解決に向けた貢献

◇社員の社会への関心や倫理意識向上のための機会の設定

◆過去の成功体験によって築かれた組織文化や慣習が変革を阻害する要因となっていることもあります。ありたい姿に向けて守り続けるものと、見直すものを明確にした上で、変革活動の優先順位や活動内容を見直すことも必要となります。

◆活動を検討する際に、7ページの「関心が高まっているテーマと顧客価値経営との関連」で記載されている内容も重要な観点です。

※上記の観点は一例であり、自組織の特性にあわせて検討します。また、具体的な変革活動を通じて、関連知識の学習や、業界を超えた先進事例から学ぶことも有効です。そうした試行錯誤の学習を通じて、効果的な活動が定着していきます。

2.
「戦略─思考・実践」

戦略とは、経営の設計図においては、ありたい姿に至る道筋であり、変革のシナリオです。組織の行動の基本方針であるこのシナリオのもと、事業単位やチーム単位においても戦略的思考と実践を行っていきます。

不確実性の高い時代において、戦略の実効性を高めるためには、計画とモニタリングに加え、実行を通じた経験と学習によって偶発的に生まれる創発的戦略などを含む戦略的学習を理解し、推進する重要性が高まっています。

戦略は、形成、創造して終わりではなく、実行に移すことで価値が生まれます。戦略の意図や具体的な行動イメージの理解・共感、実行における支援なども、戦略の「実効性」を高める重要な要素となります。

経営の設計図で示した「ありたい姿」の実現に向けた「戦略」、「組織変革目標」を達成するために、次の活動をどのように行うのかを検討します。

検討内容

- ☑ 1）戦略の思考レベルを高める活動
- ☑ 2）戦略の実効性を高める活動

変革実践サイクル

①活動内容の検討

検討内容1）と2）に関する活動の検討を行います。

②活動目標・指標の設定

①で検討した活動の目標・指標の設定を行います。

③活動の実行

活動を実行し、実行状況を記録します。

④活動結果の測定

活動結果をそれぞれ測定します。

⑤活動の振り返り

それぞれの活動結果を踏まえて振り返りを行い記録します。

解説

◆1）に関する活動を検討する上では、次のような観点から組織の特性にあわせて考えます。

◇戦略に必要な情報の収集・分析力の向上

◇戦略の形成、創造のプロセスの見直し

◇ありたい姿や戦略の創造力、構想力の向上

◇第一線社員の視座や戦略思考の向上

◇チームや部門単位での戦略を思考・策定する機会づくり

◇リスク要因の把握や対応方法

◆2）に関する活動を検討する上では、次のような観点から組織の特性にあわせて考えます。

◇組織全体の戦略から、部門、チーム、個人の実行計画への展開

◇戦略ストーリーや具体的な行動イメージへの落とし込み

◇戦略の重要性を理解・納得させるための場づくり

◇戦略を正しく理解し、実行する上で必要となる能力開発※

◇戦略の実行とフィードバックを通じた戦略のブラッシュアップ

◇戦略の実行を通じた組織の学習効果の向上

◇第一線社員における戦略的行動の促進

※戦略実行の中心的役割を担うミドルマネージャーや第一線で働く社員が戦略を正しく理解・解釈できていなければ、意図通りの実行に至りません。戦略を理解・納得してもらうための場づくりをはじめ、実行する上で求められる能力開発や実行における支援も戦略の実効性を高める上で重要となります。

◆競争優位の源泉となるイノベーションの創出を考える上では、新たな価値創造に向けた知の探索や、創発を起こしやすい環境づくりなどについて検討することも考えられます。

◆活動を検討する際に、7ページの「関心が高まっているテーマと顧客価値経営との関連」で記載されている内容も重要な観点です。

※上記の観点は一例であり、自組織の特性にあわせて検討します。また、具体的な変革活動を通じて、関連知識の学習や、業界を超えた先進事例から学ぶことも有効です。そうした試行錯誤の学習を通じて、効果的な活動が定着していきます。

3.
「組織能力―向上・最適化」

組織能力とは、有形・無形の経営資源を活用して、戦略遂行や顧客価値創造の原動力となる組織全体の能力のことです。

優れた組織能力の構築には時間がかかるため、他組織が容易に真似できない、競争優位の源泉となります。一方で、環境変化が激しく、技術革新が加速する時代では、優れた組織能力やその基盤である経営資源も価値を失うおそれがあります。特にAIやデジタル技術の進化によって、最も重要な経営資源である「人」の役割を改めて考える転換期を迎えています。そこで、経営資源の再構築や再配分によって、組織能力を最適化することが求められています。

経営の設計図で示した「ありたい姿」の実現や、「組織変革目標」の達成に向けて、次の活動をどのように行うのかを検討します。

検討内容
☑ 1）組織能力を高める活動
☑ 2）組織能力を最適化する活動

変革実践サイクル

①活動内容の検討

検討内容1）と2）に関する活動の検討を行います。

②活動目標・指標の設定

①で検討した活動の目標・指標の設定を行います。

③活動の実行

活動を実行し、実行状況を記録します。

④活動結果の測定

活動結果をそれぞれ測定します。

⑤活動の振り返り

それぞれの活動結果を踏まえて振り返りを行い記録します。

解説

◆1）に関する活動を検討する上では、次のような観点から組織の特性にあわせて考えます。

◇個人を対象とした能力開発

◇チーム活動の推進・支援

◇対話を通じた知の創造など、組織学習の環境づくりと支援

◇知的資産をはじめとする経営資源の戦略的活用

◇多様な価値観を尊重する風土・環境づくりと支援

◇高い能力を発揮する社員特性や知見を共有する仕掛け

◇ 社員の意欲の向上や自主性を発揮できる環境づくりと支援

◇社員の声の積極的な収集と対応

◆2）に関する活動を検討する上では、次のような観点から組織の特性にあわせて考えます。

◇AIやデジタル技術の活用による、付加価値業務へのシフトと適材配置

◇ビジネスパートナー、サプライヤーなどを含めた、バリューチェーンやサプライチェーン全体での最適化

◇資本・業務提携、人材獲得による外部資源・ノウハウの獲得

◇関連諸制度の再構築（人事、教育、情報システムなど）

◆活動を検討する際に、7ページの「関心が高まっているテーマと顧客価値経営との関連」で記載されている内容も重要な観点です。

※上記の観点は一例であり、自組織の特性にあわせて検討します。また、具体的な変革活動を通じて、関連知識の学習や、業界を超えた先進事例から学ぶことも有効です。そうした試行錯誤の学習を通じて、効果的な活動が定着していきます。

4.
「顧客・市場—洞察・理解」

顧客・市場のニーズや期待を的確にとらえることは、顧客価値の創造や新たな事業機会の創出、成長につながります。デジタル技術の進化や、価値観の多様化・高度化などを背景に、業界や市場の境界が曖昧になっている中で、絶えず変化する顧客・市場を理解し続けようとする姿勢が重要です。それは、特定の専門スタッフだけが担うものではなく、組織の誰もが実践できるようになることが望まれます。

顧客を理解することは、顧客の真の課題を理解することです。顧客自身も気づいていないこと、潜在ニーズを把握するためには、顕在ニーズを掘り下げるだけでなく、顧客の行動パターンの変化などから、潜在的な欲求や感情を洞察することが重要です。

経営の設計図で示した「ありたい姿」の実現や、「組織変革目標」の達成に向けて、次の活動をどのように行うのかを検討します。

検討内容

- ☑ 1）顧客・市場を洞察する活動
- ☑ 2）顧客・市場の理解を深める活動

変革実践サイクル

①活動内容の検討

検討内容1）と2）に関する活動の検討を行います。

②活動目標・指標の設定

①で検討した活動の目標・指標の設定を行います。

③活動の実行

活動を実行し、実行状況を記録します。

④活動結果の測定

活動結果をそれぞれ測定します。

⑤活動の振り返り

それぞれの活動結果を踏まえて振り返りを行い記録します。

解説

◆1)、2）に関する活動を検討する上では、次のような観点から組織の特性にあわせて考えます。

◇顧客・市場の変化の理解

◇既存の顧客・市場のニーズと、その変化の理解

◇ 潜在的な顧客・市場のニーズの理解

◇ 顧客の声の積極的な収集と対応

◇共同開発など、顧客との協業を通じた顧客の理解

◇テスト販売やモニター調査等によるテストマーケティング

◆1)、2）の活動を進める上では、行動パターンの変化や、常識とのギャップを発見することが重要となります。調査・分析方法例としては次のようなものがあります。

◇データをもとにした顧客購買情報分析

◇アンケート調査

◇インタビュー調査（デプスインタビュー・グループインタビュー等）

◇行動観察調査（フィールドワーク、エスノグラフィー等）

◇AI（人工知能）やビッグデータの活用による顧客・市場分析

◆活動を検討する際に、7ページの「関心が高まっているテーマと顧客価値経営との関連」で記載されている内容も重要な観点です。

※上記の観点は一例であり、自組織の特性にあわせて検討します。また、具体的な変革活動を通じて、関連知識の学習や、業界を超えた先進事例から学ぶことも有効です。そうした試行錯誤の学習を通じて、効果的な活動が定着していきます。

5.
「顧客価値—創造・提供」

経営の最大の目的は、顧客や社会へ価値を創造、提供することです。顧客の求める価値は様々ですが、どこに焦点をあててどのような価値を創造し、どのように訴求・提供していくのかを検討していきます。

同じ商品・サービスでも、時間の経過とともに、価値の同質化や固定化によって、顧客にとっての価値は低下していきます。独自性や持続的な競争優位を維持するためには、価値の見直しや、新たな価値の創造などを通じたブランドの構築・強化や、商品・サービスの提供方法の見直しなど、絶えず変革を行うことが求められます。

経営の設計図で示した「ありたい姿」の実現や、「組織変革目標」の達成に向けて、次の活動をどのように行うのかを検討します。

検討内容

- ☑ 1）顧客価値を創造、変革する活動
- ☑ 2）顧客価値を提供する活動

変革実践サイクル

①活動内容の検討

検討内容1）と2）に関する活動の検討を行います。

②活動目標・指標の設定

①で検討した活動の目標・指標の設定を行います。

③活動の実行

活動を実行し、実行状況を記録します。

④活動結果の測定

活動結果をそれぞれ測定します。

⑤活動の振り返り

それぞれの活動結果を踏まえて振り返りを行い記録します。

解説

◆1)、2)に関する活動を検討する上では、次のような観点から組織の特性にあわせて考えます。

◇事業や商品・サービスのコンセプトの明確化

◇顧客起点での価値づくりや意味づくりを重視した企画・開発

◇デザイン思考やストーリー思考による企画・開発

◇顧客価値を創造して提供するためのシステムの構築・見直し

◇顧客価値の創造・提供に向けたビジネスパートナーとの協働、選定・評価、
関係の維持・強化

◇顧客価値の見直し、革新

◆顧客価値を創造して提供するためのシステムにおいては、その要素や組み合わせ、構造そのものを見直すことも重要です。

◆顧客価値の創造においては、価値を意味づけるコンセプトをはじめ、企画力が重要となります。関連する思考として、デザイン思考、ストーリー思考、アジャイル思考、SECI モデル(知識創造サイクル)などの視点があります。

◆活動を検討する際に、7ページの「関心が高まっているテーマと顧客価値経営との関連」で記載されている内容も重要な観点です。

※上記の観点は一例であり、自組織の特性にあわせて検討します。また、具体的な変革活動を通じて、関連知識の学習や、業界を超えた先進事例から学ぶことも有効です。そうした試行錯誤の学習を通じて、効果的な活動が定着していきます。

6.
「事業成果―持続性・卓越性」

「事業成果」は、経営の設計図で設定した組織変革目標（「ありたい姿」に向けた変革のための重要課題と達成目標）に加えて、持続性と卓越性を示す結果がどの程度達成できたのか、その実現状況を示すものです。傾向や他社比較などの視点から検討します。

①組織の持続的な成長につながる成果、②競争優位性や独自性につながる卓越した成果は、いずれも重要な成果です。売上や利益などの財務成果だけでなく、社会や顧客、社員からの評価など、非財務結果の観点も取り入れていくことが重要です。

組織変革目標および事業成果としての持続性と卓越性の結果を振り返り、今後の課題と方向性について検討します。この振り返りによって明らかになった「課題」を踏まえて、実践領域での活動や経営の設計図の内容を深化させていきます。

検討内容

☑ 1)「組織変革目標」に関する結果の測定

経営の設計図で設定した組織変革目標の「結果」を測定します。

☑ 2)「持続性と卓越性」に関する結果の測定

組織として持続性と卓越性の両面からみた「結果」を測定します。

☑ 3)「事業成果―持続性と卓越性」の振り返り

組織変革目標および事業成果としての持続性と卓越性の結果を振り返り、今後の課題と方向性について検討します。特に目的に対する効果の観点から目標や指標の有効性を検証することで、次の組織変革目標を設定する際の判断材料となります。

変革実践サイクル

④結果の測定

活動結果をそれぞれ測定します。

⑤結果の振り返り

それぞれの結果を踏まえて振り返りを行い記録します。

解説

◆組織変革目標における重要課題は、経営の設計図のⅠ～Ⅴの検討内容を踏まえた課題を整理・統合し、ありたい姿に向けて優先的・重点的に取り組むことを設定したものです。

◆組織変革目標における達成目標は、重要課題について、いつまでにどのような水準（状態）を目指すのかを示したものです。

◆組織の持続性に関連する目標設定の観点として、気候変動、サイバーセキュリティ、社会課題の解決、ESG（環境・社会・ガバナンス）領域、デジタル化に関する領域、社員のエンゲージメント領域、などが挙げられます。

◆組織の卓越性に関連する目標設定の観点として、顧客評価、財務的成果、市場シェアなどが挙げられます。業界最高水準、競合他社の水準を踏まえつつ、ありたい姿に向けて挑戦的で達成したいと思える水準を検討します。

※上記の観点は一例であり、自組織の特性にあわせて検討します。また、具体的な変革活動を通じて、関連知識の学習や、業界を超えた先進事例から学ぶことも有効です。そうした試行錯誤の学習を通じて、効果的な活動が定着していきます。

Ⅴ 全体総括と経営アセスメント

全体総括とは経営の設計図や、変革活動、事業成果を俯瞰して、経営全体の状態を振り返ることです。活動や結果だけをみるのではなく、経営全体を振り返ることで、部分最適に陥ることを防ぎ、効果的な変革活動を継続していくことができます。

経営アセスメントとは、全体総括を踏まえて、「ありたい姿」の実現に向けて伸ばすべき強みや価値、変革をさらに加速するための課題等を明らかにするための一連の学習プロセスです。経営アセスメントでは、組織の状態を把握するための手段として評価を行いますが、評価は、「ありたい姿」に近づくための学びや気づきを深めるために行うものであり、評価そのものが目的とならないように注意が必要です。

全体総括や経営アセスメントを通じて、ありたい姿に向けた活動間のつながりや、成果を生み出す活動のつながりを考えることで、経営の視座を高め、経営全体のことを考える貴重な機会となります。経営アセスメントによって明らかになった課題は、今後の変革活動に反映させるとともに、経営の設計図に遡って見直しを行います。

1. 全体総括

ありたい姿に向けた変革活動を進める上で、個々の活動を推進するだけではなく、いったん立ち止まり、活動全体や成果を振り返ることで、全体最適で効果的な変革活動に向けた大きな気づきや学びを得ることができます。経営全体の状態を振り返る視点として、以下のものがあります。

- 関心の高まっているテーマとの関係性をどう認識しているか
- 顧客価値の創造をはじめとする基本理念を体現できているか
- コンセプトと整合した思考や実践ができているか
- 経営の設計図は明確で整合性があるか
- 実践領域における変革活動は経営の設計図と結びついているか
- 実践領域における変革活動は相互につながっているか
- 経営の設計図から変革活動、事業成果へとつながっているか
- 実践領域における変革活動を通じて、ありたい姿に近づいているか

相互のつながりから全体を振り返ることで、重要な課題に気づくことができ、更なる変革に向けた組織の深化（進化）につながります。

2. 経営アセスメントについて

経営アセスメントでは、経営の設計図から、変革活動、事業成果の流れを俯瞰して評価を行います。評価とは、活動や成果をもとに、一定の基準（視点）に基づいて現在の組織の状態を見極めることです。活動の「量」や「結果」だけをみるものではなく、目的に対する効果や、組織・活動などの質の観点を重視します。基準（視点）を設定することで、現在の組織の状況を判断する上での手がかりとなり、対話を通じて組織における共通認識を持つことができます。

変革活動の実践状況や事業成果については、変革実践サイクル（5過程）における「振り返り」の結果を活用することができますが、単に個々の振り返り結果をまとめるのではなく、それらを踏まえて、変革活動の効果や、現在の顧客価値経営の実践状況を振り返ることが重要です。

評価の方法には、自己評価（セルフアセスメント）、相互評価（クロスアセスメント）、第三者評価（認証・賞申請）などがあり、評価の物差しには、チェックリストやレベル表などがありますが、重要なことは、単なる評価に終わらせることなく、評価を通じて気づきや学びを深めるとともに、結果を受け止め、ありたい姿に近づくためのさらなる変革活動を加速させていくことです。

【参考】
日本経営品質賞の評価基準について

日本経営品質賞の審査における評価基準は、①全体、②実践領域1－5（実践活動）、③実践領域6（事業成果）を設定しています。ありたい姿や戦略が明確であり、ありたい姿を実現するための活動が回っていて、さらにそれらを立証する成果が出ているか、といった視点で経営の設計図から実践活動、事業成果の流れを俯瞰して評価します。くわえて、顧客価値経営における共通の価値観として示されている「基本理念」や、活動の基本姿勢として示されている「コンセプト」が、自組織においてどの程度反映されているのかも重視しています。

① 全体

表彰該当レベル	状態		
本賞	S		変革の好循環が生まれ、顧客価値経営が実践され続けている。
推進賞	A	＋	変革を通じて、顧客価値経営が実践されている。
		−	
奨励賞	B	＋	変革を通じて、顧客価値経営が実践され始めている。
		−	
該当なし	C		顧客価値経営があまり実践されていない。

② 実践領域1～5（実践活動）

状態		
S		経営の設計図と結びつく活動が好循環で実践されている。
A	＋	経営の設計図と結びつく活動が実践されている。
	−	
B	＋	経営の設計図と結びつく活動が実践され始めている。
	−	
C		経営の設計図と結びつく活動があまり実践されていない。

③実践領域6（事業成果）

状態		
S		重要な成果が継続的に出ている。
A	＋	重要な成果が出ている。
	−	
B	＋	重要な成果が出始めている。
	−	
C		重要な成果があまり出ていない。

＊重要な成果とは、経営の設計図と結びついた結果を言います。

①. 全体の評価について

変革と顧客価値経営の実践状況を俯瞰的に評価します。

好循環とは、好ましい連鎖の流れが生まれることです。ある活動が良い状態を生み、それが良い結果につながる関係が繰り返されていることです。好循環の事例としては、「人材投資や教育によって顧客志向で専門性の高い人材が育ち、そのような人材が顧客接点で変化を感じ取り、それを顧客情報として社内で蓄積・共有され、新たな価値提供のための研究開発や企画が出てきて、それが新商品やサービスの創造につながり、顧客の満足が高まり、再購入意向や推奨意向につながることで利益率が高まり、新たなサービス開発のための投資が可能になる」といったものです。そのような好循環が生まれることで、顧客価値経営が実践され続けていることを望ましい状態としています。

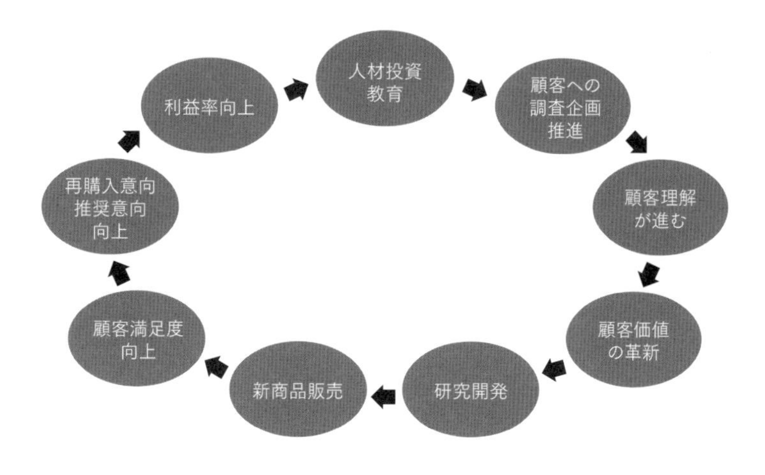

②. 実践活動（実践領域1～5）の評価について

実践領域(1～5)ごとに、経営の設計図と結びつく活動の実践状況を評価します。経営の設計図と「結びつく活動」とは、特に「ありたい姿」の実現や「組織変革目標」の達成に向けて効果的な実践活動のことを指します。ここでの好循環とは、単に変革実践サイクルを繰り返し回すことではなく、仮説としての戦略や計画をもとに、活動の実践を通じて検証しながら効果的なものへと進化させている状態を指します。つまり仮説検証型の変革活動の実践状況を見るものです。

③. 事業成果（実践領域6）の評価について

「組織変革目標」の結果、「持続性と卓越性」の結果から総合的に評価します。

「組織変革目標」の結果は、「ありたい姿」に至る途中段階において、戦略や実践活動の有効性を確認するために測定するものであり、結果だけを評価することはありませんが、好ましい結果が出ている場合にはプラス評価することもあります。

「持続性と卓越性」に関する結果は、「組織変革目標」の結果以外で、持続性や卓越性の両面からみた結果を、傾向や同業他社等との比較水準をもとに評価します。

顧客価値経営に向けた全体最適での変革活動を推進するためには、本ガイドラインの理解を深めるとともに、変革を進めるための知識を学び、実践する社員を組織的に増やしていくことが重要です。また、外部専門家による客観的な評価を受けることで、内部の視点では見つけることができない視点や思考の気づきを得ることもできます。

経営品質協議会では、顧客価値経営を実践するためのサポートやサービス提供を行っています。

【紹介セミナー】

●**顧客価値経営ガイドライン活用セミナー**

実践事例を交えて本ガイドラインの活用方法を紹介

●**第三者評価説明会**（経営デザイン認証、日本経営品質賞）

第三者評価のメリット、経営デザイン認証や日本経営品質賞の特徴、申請方法等を紹介

【人材育成】

●**経営デザイン研修**

「経営デザイン」の考え方を学びながら「経営の設計図」を作成する2日間の研修プログラム

●**顧客価値経営 実践推進者コース**

顧客価値経営に向けた変革を実践・推進する役割を担う「セルフアセッサー」養成を目的とした計6日間の研修プログラム

●**未来創造塾**

「バックキャスティング」の考え方・アプローチをもとに、未来に向けたこれからの経営を考え、経営の視座を高めるための経営者、経営幹部対象のプログラム

【第三者評価】

●**経営デザイン認証**（スタートアップ認証／ランクアップ認証）

顧客価値経営に向けた基本構想を「経営の設計図」として「見える化」した組織を認証

●**日本経営品質賞**（本賞／推進賞／奨励賞）

顧客価値経営に向けて変革を進める組織を表彰

その他組織の状況に応じたコンサルティングなどの個別サポートを行っています。

お気軽にご相談ください。

経営品質協議会
E-mail：jqa-info@jpc-net.jp
URL：https://www.jqac.com

Cは、Customer(顧客)の頭文字であり、これがマークの中心に位置しています。その中に「社会」「経済」「社員」の価値をイメージした3つの潮流が流れ込んでいます。それぞれの価値が相互に関連し合い、顧客に目を向ける経営の姿勢を表現しています。

2023年度版 顧客価値経営ガイドライン

2023年3月10日 第1刷

編集・発行：経営品質協議会

〒102-8643 東京都千代田区平河町 2-13-12（公財）日本生産性本部

URL https://www.jqac.com　E-mail jqa-info@jpc-net.jp

発売：生産性出版／（公財）日本生産性本部

〒102-8643 東京都千代田区平河町 2-13-12（公財）日本生産性本部

電話 03（3511）4034　URL https://www.jpc-net.jp

装丁デザイン：RANDO DESIGN

印刷・製本所：株式会社日精ピーアール